# Spiel mit!
# So wird's gemacht:



Öffne den Kasten und schütte die Plättchen in den Deckel. Lies die kurze Erklärung zu Beginn des Spiels, das du machen willst. Ein Beispiel hilft dir, die erste Aufgabe zu lösen und das erste Plättchen auf das richtige Feld der Kontrollplatte zu legen. Danach machst du es mit den anderen Plättchen ebenso.
Wenn alle 24 Plättchen auf der Kontrollplatte liegen, willst du natürlich wissen, ob alles richtig ist. Das kannst du leicht überprüfen: Schließe den Kasten, wende ihn geschlossen seitwärts um und öffne ihn von der Rückseite. Siehst du jetzt ein regelmäßiges Muster in drei verschiedenen Farben, hast du alle Aufgaben richtig gelöst.
Passen jedoch einige Plättchen nicht in das Muster, so hast du dort Fehler gemacht. Wende diese Plättchen um, schließe den Kasten, lege ihn herum und öffne ihn wieder. Die Aufgaben zu den umgewendeten Plättchen mußt du noch einmal lösen. Dann kontrolliere wie vorher.
Vergiß nicht, bei jeder Aufgabe die englischen Wörter oder Sätze laut zu lesen oder zu sprechen. Du wirst sehen, daß dir dann die Lösung leichter fällt.
Nach jedem Spiel geben wir noch eine schriftliche Aufgabe. Lege dir für diese Aufgaben ein eigenes Heft an und laß es ab und zu von jemandem überprüfen, der dir sagen kann, ob du alles richtig gemacht hast.
Wenn du nicht ganz sicher bist, wie sich ein englisches Wort schreibt, kannst du auf den letzten beiden Seiten nachsehen. Dort findest du alle Wörter, die in diesem Heft vorkommen, nach Sachgruppen geordnet.

# Und nun viel Spaß!

Dieses Papier wurde
aus chlorfrei gebleichtem
Zellstoff hergestellt

# 24 words

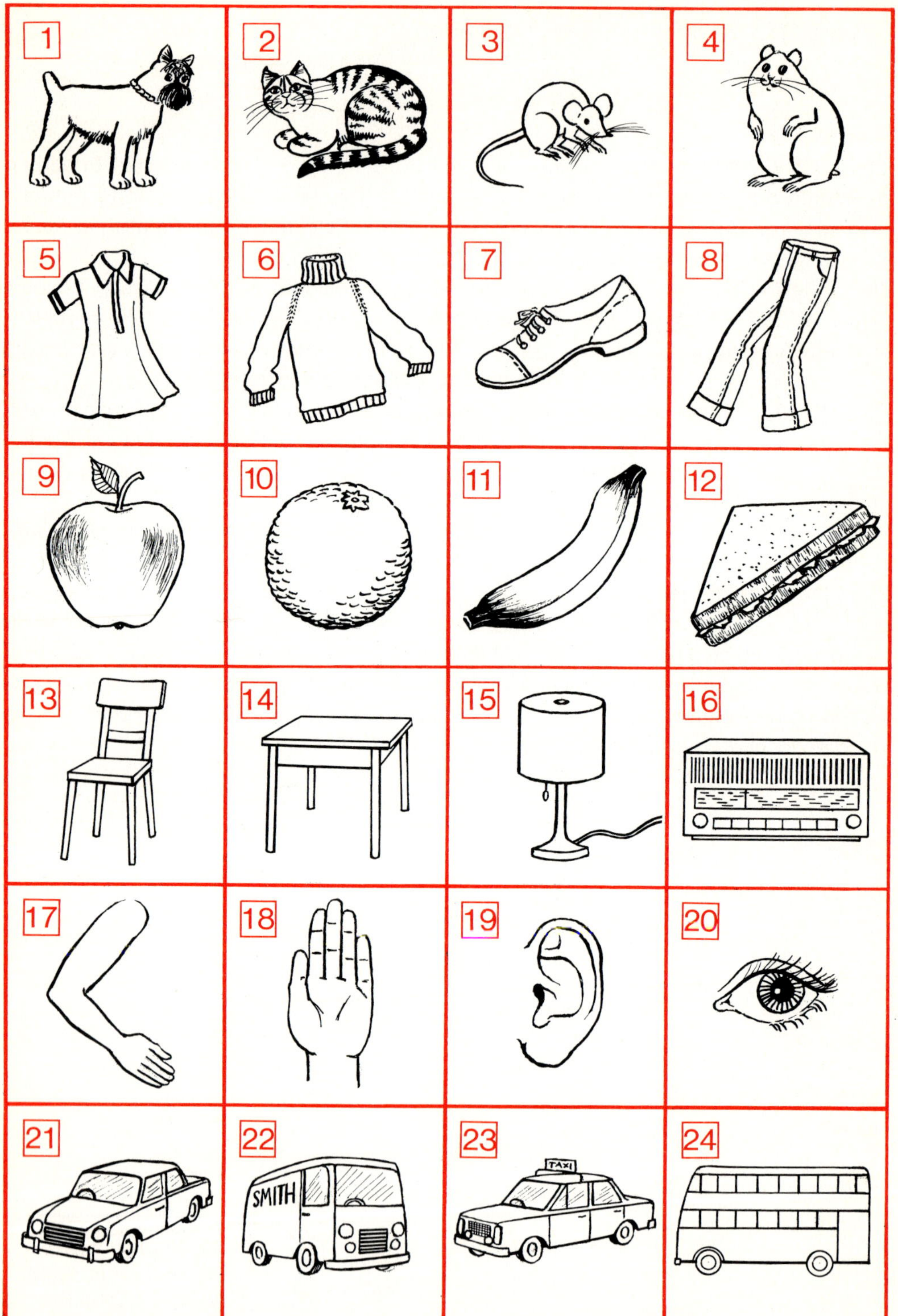

Welches Bild gehört zu welchem Wort? Auf Bild 1 siehst du einen Hund (= dog), also Plättchen 1 auf Feld 9.

| | Feld |
|---|---|
| apple | 7 |
| arm | 17 |
| banana | 4 |
| bus | 14 |
| car | 13 |
| cat | 11 |
| chair | 21 |
| dog | 9 |
| dress | 1 |
| ear | 18 |
| eye | 15 |
| hamster | 10 |
| hand | 20 |
| jeans | 3 |
| lamp | 19 |
| mouse | 8 |
| orange | 2 |
| pullover | 12 |
| radio | 22 |
| sandwich | 6 |
| shoe | 5 |
| table | 23 |
| taxi | 16 |
| van | 24 |

Schreibe die Wörter in 6 Gruppen in dein Heft:

1. They have got four legs:
2. You can wear it:
3. You can eat it:
4. You can find it in the house:
5. You have got two:
6. You can go by:

Kannst du für jede Gruppe die 4 richtigen Wörter finden?

# 24 pictures

Auf der Seite gegenüber siehst du 24 Bilder. Nimm ein Plättchen und suche das dazugehörige Bild! Sage dann auf englisch, was du abgebildet siehst! Nun suche das richtige Wort unter den untenstehenden 48 Wörtern und lege das Plättchen auf das dahinter angegebene Feld! Auf Bild 22 siehst du z. B. „cake“, also Plättchen 22 auf Feld 22.

| | Feld | | Feld |
|---|---|---|---|
| apple | 9 | hand | 6 |
| arm | 10 | hat | 16 |
| ball | 18 | ice | 7 |
| banana | 12 | jeans | 15 |
| bed | 9 | lamp | 16 |
| book | 6 | mouse | 17 |
| box | 2 | mouth | 3 |
| boy | 10 | nose | 1 |
| bus | 16 | orange | 2 |
| cake | 22 | pullover | 3 |
| cap | 14 | radio | 4 |
| car | 8 | sandwich | 5 |
| cat | 9 | saxophone | 20 |
| chair | 10 | shoe | 11 |
| dog | 11 | shorts | 17 |
| dress | 12 | sofa | 8 |
| ear | 13 | table | 14 |
| elephant | 19 | taxi | 15 |
| eye | 20 | tiger | 21 |
| finger | 5 | tree | 24 |
| foot | 15 | umbrella | 13 |
| girl | 12 | van | 10 |
| guitar | 4 | wall | 11 |
| hamster | 5 | zebra | 23 |

Schreibe die Wörter auf,

a) die genau wie im Deutschen geschrieben werden (nur mit kleinem Anfangsbuchstaben);

b) bei denen nur ein Buchstabe anders ist als im Deutschen.

# 24 sentences

Welcher Satz gehört zu welchem Bild? Zum 2. Satz „Look here, a big dog“ paßt Bild 21, also Plättchen 2 auf Feld 21. Lies die Sätze laut, bevor du das Plättchen auf das richtige Feld legst!

| | |
|---|---|
| 1 | Look here, a cat. |
| 2 | Look here, a big dog. |
| 3 | What's this? – It's a hamster. |
| 4 | Is this an elephant? – Yes, it is. |
| 5 | Is this dog small? – Yes, it is. Is it in the garden? – No, it isn't. |
| 6 | This is a tiger. |
| 7 | These are zebras. |
| 8 | That's a mouse. |
| 9 | I can see two cats. |
| 10 | I can see a ball under the table. |
| 11 | I can see a ball on the table. |
| 12 | I can see a tree in the garden. |
| 13 | The hat is on the table. |
| 14 | The dog is in the garden. |
| 15 | The hat is on the chair. |
| 16 | He's playing the guitar. |
| 17 | She's painting a picture. |
| 18 | They are playing tennis. |
| 19 | Look, Father is reading a book. |
| 20 | Now he's writing a letter. |
| 21 | The car is white. |
| 22 | The ball is black. |
| 23 | These cars are grey. |
| 24 | This car is grey. |

Schreibe die Sätze, in denen 's vorkommt, in dein Heft! Statt 's schreibe is, also statt „What's this?“ schreibst du „What is this?“

1
2
3
4
5
6
7
8
9
10
11
12
13
14
15
16
17
18
19
20
21
22
23
24

# In — on — under

Welcher Satz gehört zu welchem Bild? Zum 1. Satz „Look, a ball in a box“ paßt Bild 23, also Plättchen 1 auf Feld 23. Lies den Satz immer laut, bevor du das dazu passende Bild suchst!

| | |
|---|---|
| 1 | Look, a ball in a box. |
| 2 | Look, a book on the table. |
| 3 | Look, there's a ball under the table. |
| 4 | The boy is in the car. |
| 5 | The dog is under the car. |
| 6 | The cat is in the box. |
| 7 | I can see a cat on the chair. |
| 8 | I can see a cat under the table. |
| 9 | I can see a cat under the bed. |
| 10 | Can you see the cat under the chair? |
| 11 | Mother is in the garden. |
| 12 | Father is in the house. |
| 13 | The shoes are under the chair. |
| 14 | There's a table under the tree. |
| 15 | There's a letter on the table. |
| 16 | There are a lot of oranges in the box. |
| 17 | The picture is on the wall. |
| 18 | The girl is in the car. |
| 19 | Look at the cake on the table. |
| 20 | Look, the girl is sitting on the table. |
| 21 | Look, the cat is under the car. |
| 22 | Where's the apple? — It's on the table. |
| 23 | Where's the mouse? — It's under the bed. |
| 24 | Where's Ted? — He's in bed. |

Nun schreibe die Sätze in drei Gruppen in dein Heft! Zuerst die mit in, dann die mit on, zuletzt die mit under.

1
2
3
4
5
6
7
8
9
10
11
12
13
14
15
16
17
18
19
20
21
22
23
24

# What are they doing?

Findest du zu diesen Sätzen die richtigen Bilder? Zu Satz 17 „The girl is writing a letter" paßt Bild 10, also Plättchen 17 auf Feld 10. Lies einen Satz laut, dann suche das dazu passende Bild auf Seite 11!

| | |
|---|---|
| 1 | Ann is reading a book. |
| 2 | John is writing a letter. |
| 3 | Alan is swimming. |
| 4 | Mary is singing. |
| 5 | Bill is singing. |
| 6 | Ted is listening to the radio. |
| 7 | Mother is washing up. |
| 8 | Alan and Pam are playing tennis. |
| 9 | Tom is standing on a chair. |
| 10 | The dog is barking. |
| 11 | Father is reading a letter. |
| 12 | The boy is sitting on the table. |
| 13 | Martin is cleaning his shoes. |
| 14 | Jane is sitting on a chair. |
| 15 | The girls are watching TV. |
| 16 | The cat is sleeping. |
| 17 | The girl is writing a letter. |
| 18 | The boys are playing football. |
| 19 | He is counting the balls. |
| 20 | Charles is looking at the picture. |
| 21 | He is painting a picture. |
| 22 | Father is washing his car. |
| 23 | She is playing the guitar. |
| 24 | He is playing the saxophone. |

Schreibe die Sätze in dein Heft! Beginne jeden Satz mit He, She, oder They!
Beachte:

Alan, Father, The boy = He
Ann, Mother, The girl = She
The cat, The dog = It
The boys, The girls = They

1
2
3
4
5
6
7
SONGS
8
9
10
11
12
13
14
15
16
17
18
19
20
21
22
23
24
SONGS

# Colours

Jetzt wollen wir die englischen Bezeichnungen für die Farben üben. Zu jedem Bild gehört ein Satz. Entscheide, ob der Satz richtig oder falsch ist! Dann lege das Plättchen auf das Feld unter „yes“ oder „no“! Zwei Beispiele: Der Satz „The elephant is grey“ zu Bild 1 ist richtig, also Plättchen 1 auf Feld 3 (= yes). Der Satz „Give me that yellow book“ zu Bild 2 ist falsch, denn das Buch ist blau; also Plättchen 2 auf Feld 5 (= no). Nun mach es mit den anderen Plättchen ebenso! Vergiß nicht, die Sätze laut zu lesen, bevor du dich für „yes“ oder „no“ entscheidest! Du wirst sehen, es geht dann leichter!

| | | yes | no |
|---|---|---|---|
| 1 | The elephant is grey . | 3 | 4 |
| 2 | Give me that yellow book. | 6 | 5 |
| 3 | Where's my white box? – It's here. | 2 | 4 |
| 4 | This banana is yellow. | 4 | 3 |
| 5 | I like this white dress. | 10 | 7 |
| 6 | Look at that black car. | 6 | 4 |
| 7 | Pam's shoes are green. | 6 | 11 |
| 8 | Our table is red. | 9 | 11 |
| 9 | Is the van brown? – Yes, it is. | 7 | 1 |
| 10 | Tom is wearing white socks. | 8 | 12 |
| 11 | The black dog is barking. | 10 | 6 |
| 12 | Look, a grey mouse. | 12 | 11 |
| 13 | Ted's car is red. | 13 | 15 |
| 14 | What colour is the cap? – It's blue. | 21 | 17 |
| 15 | Their cat is black. | 13 | 14 |
| 16 | Is the pullover white? – Yes, it is. | 16 | 17 |
| 17 | Their house is grey. | 23 | 16 |
| 18 | This apple is yellow. | 17 | 14 |
| 19 | This is a hamster. It's brown. | 24 | 17 |
| 20 | I like this green umbrella. | 18 | 21 |
| 21 | What colour are the jeans? – They're blue. | 19 | 9 |
| 22 | This is a red lamp. | 22 | 18 |
| 23 | I can see a green hat. | 21 | 22 |
| 24 | The ball is blue. | 23 | 20 |

Schreibe die folgenden Sätze mit den richtigen Farben in dein Heft: My eyes are –. My shoes are –. My jeans are – and my pullover is –. I've got a – car and a – ball. Father's car is –. Our cat is – and our dog is –. What colour is your cap? It's –.

# Let's count

Kannst du auf englisch zählen? Auf dem ersten Bild siehst du fünf Bälle, also sage „five balls“! Dann lege Plättchen 1 auf Feld 15! Mach es mit den anderen Plättchen ebenso! Achte besonders auf die richtige Aussprache des -s!

| | Feld |
|---|---|
| four cats | 1 |
| three cars | 2 |
| five hats | 3 |
| two ears | 4 |
| two umbrellas | 5 |
| seven apples | 6 |
| eleven bananas | 7 |
| three trees | 8 |
| nine letters | 9 |
| three tables | 10 |
| eight socks | 11 |
| eight shoes | 12 |
| ten fingers | 13 |
| seven oranges | 14 |
| five balls | 15 |
| three dogs | 16 |
| two vans | 17 |
| two eyes | 18 |
| ten books | 19 |
| two taxis | 20 |
| one cake | 21 |
| four boxes | 22 |
| six pencils | 23 |
| three chairs | 24 |

Schreibe die englischen Zahlen von 2–11 untereinander in dein Heft und daneben die Dinge, die du auf den Bildern siehst, z. B. two: ears, eyes, umbrellas, vans, taxis.

# A is for apple

Anhand der Bilder auf S. 16 sollst du die untenstehenden Sätze vervollständigen. Nimm ein Plättchen und suche das Bild mit dieser Zahl! Zu Plättchen 8 gehört z. B. Bild 8, auf dem du einen Apfel siehst. „Apple“ beginnt mit dem Buchstaben A. Nun suche unten den Satz „A is for (apple)“ und lege das Plättchen auf das angegebene Feld (= 1)! Mach es mit den anderen Plättchen ebenso! Lies jeden Satz laut und achte auf die richtige Aussprache der englischen Buchstaben, z. B. „/kju:/ is for queen“.

| | Feld | | Feld |
|---|---|---|---|
| A is for ..... | 1 | M is for ..... | 13 |
| B is for ..... | 2 | N is for ..... | 14 |
| C is for ..... | 10 | O is for ..... | 21 |
| D is for ..... | 9 | P is for ..... | 22 |
| E is for ..... | 5 | Q is for ..... | 17 |
| F is for ..... | 6 | R is for ..... | 18 |
| G is for ..... | 7 | S is for ..... | 19 |
| H is for ..... | 8 | T is for ..... | 20 |
| I is for ..... | 3 | U is for ..... | 16 |
| J is for ..... | 4 | V is for ..... | 15 |
| K is for ..... | 11 | W is for ..... | 23 |
| L is for ..... | 12 | Z is for ..... | 24 |

Liegen alle Plättchen auf dem richtigen Feld? Dann schreibe die Wörter untereinander in dein Heft! Kannst du aus dem Kopf noch weitere Wörter mit denselben Anfangsbuchstaben danebenschreiben?

# Yes or no?

Zu jedem Bild gehört ein Satz. Ist er richtig oder falsch? Der Satz „This is an apple" zu Bild 1 ist richtig (= yes), also Plättchen 1 auf Feld 13. Der Satz „This is a cat" zu Bild 2 ist falsch (= no, weil ein „dog" abgebildet ist), also Plättchen 2 auf Feld 17. Nun lies die anderen Sätze laut und lege die Plättchen auf die richtigen Felder!

| | | yes | no |
|---|---|---|---|
| 1 | This is an apple. | 13 | 3 |
| 2 | This is a cat. | 7 | 17 |
| 3 | This is a boy. | 6 | 16 |
| 4 | This is a girl. | 14 | 4 |
| 5 | This is a white car. | 3 | 8 |
| 6 | This car is white. | 18 | 3 |
| 7 | This car is red. | 1 | 5 |
| 8 | This is a blue car. | 11 | 1 |
| 9 | Is this car black? – Yes, it is. | 15 | 2 |
| 10 | There's a ball on the table. | 3 | 4 |
| 11 | There's a ball under the table. | 2 | 3 |
| 12 | The ball is on the chair. | 6 | 16 |
| 13 | The cat is on the chair. | 19 | 9 |
| 14 | Ted is sitting on the table. | 2 | 23 |
| 15 | Sarah is standing on the chair. | 20 | 21 |
| 16 | Sarah is reading. | 20 | 21 |
| 17 | Sarah is writing a letter. | 11 | 12 |
| 18 | I can see five apples. | 21 | 22 |
| 19 | I can see four balls. | 11 | 12 |
| 20 | It's ten o'clock. | 7 | 8 |
| 21 | It's three o'clock. | 8 | 9 |
| 22 | What's this? – It's a book. | 18 | 24 |
| 23 | What colour is the book? – It's black. | 8 | 18 |
| 24 | Where's the book? – It's on the chair. | 9 | 10 |

1. Schreibe die richtigen Sätze (= yes) in dein Heft!

2. Kannst du auch statt der falschen Sätze (= no) die „richtigen" in dein Heft schreiben? Also z. B. zu Bild 2 den Satz „This is a dog".

# c or k?

Werden diese englischen Wörter mit c oder k geschrieben?
Das erste Wort heißt „car“, also Plättchen 1 auf Feld 7.
Sprich die Wörter laut, bevor du die Plättchen auf das richtige Feld legst!

| | | c | k |
|---|---|---|---|
| 1 | -ar | 7 | 2 |
| 2 | -at | 9 | 4 |
| 3 | boo- | 17 | 24 |
| 4 | -ap | 20 | 15 |
| 5 | -nife | 16 | 17 |
| 6 | spea- | 15 | 22 |
| 7 | i-e | 15 | 16 |
| 8 | s-hool | 13 | 14 |
| 9 | soc-s | 4 | 11 |
| 10 | -hair | 6 | 7 |
| 11 | -ake | 2 | 3 |
| 12 | pi-ture | 4 | 5 |
| 13 | loo- | 18 | 19 |
| 14 | pen-il | 21 | 22 |
| 15 | -olour | 23 | 24 |
| 16 | blac- | 7 | 8 |
| 17 | senten-e | 3 | 10 |
| 18 | -an | 12 | 13 |
| 19 | o'cloc- | 21 | 16 |
| 20 | wat-h | 1 | 8 |
| 21 | -lean | 5 | 12 |
| 22 | bar- | 9 | 10 |
| 23 | -ount | 14 | 21 |
| 24 | -ome | 18 | 6 |

Nun schreibe „c“ und „k“ in dein Heft und die Wörter in zwei Spalten darunter!
In welchen Wörtern kommen beide Buchstaben vor?

# I eat — he eats

Weißt du, wann im Englischen das Verb auf -s oder -es endet? Setze in die untenstehenden Sätze das richtige Wort ein und lege das Plättchen auf das beim richtigen Wort angegebene Feld! Der dritte Satz muß z. B. heißen „He likes oranges", also Plättchen 3 auf Feld 8. Lies die Sätze laut, dann geht es leichter!

| | |
|---|---|
| 1 | I (eat 9, eats 16) an apple every day. |
| 2 | He (eat 4, eats 11) an orange every evening. |
| 3 | He (like 1, likes 8) oranges. |
| 4 | Does he (like 10, likes 17) bananas? |
| 5 | Ann (write 18, writes 19) a lot of letters. |
| 6 | She (do 5, does 12) her homework in the afternoon. |
| 7 | After tea she (wash 22, washes 23) up. |
| 8 | Frank (help 8, helps 21) her. |
| 9 | Father (come 2, comes 7) home at five o'clock. |
| 10 | In the evening they (watch 20, watches 21) TV. |
| 11 | They (go 22, goes 11) to bed at ten o'clock. |
| 12 | The teacher (ask 23, asks 24) Bob a question. |
| 13 | Can Bob (answer 3, answers 4) the question? |
| 14 | (Look 5, Looks 18) at the pictures, please. |
| 15 | (Colour 1, Colours 14) the pictures, please. |
| 16 | What can he (see 4, sees 5) in the picture? |
| 17 | How many balls can he (count 17, counts 12)? |
| 18 | He (go 13, goes 2) to school by bus. |
| 19 | He (play 11, plays 18) football every afternoon. |
| 20 | Does he (play 15, plays 20) table tennis? |
| 21 | We (hear 13, hears 8) with our ears. |
| 22 | He wants to (listen 6, listens 19) to the radio. |
| 23 | She often (wear 21, wears 16) jeans. |
| 24 | Let's (sing 14, sings 9) a song. |

Schreibe die richtigen Sätze in dein Heft! Zuerst die ohne Endung, dann die mit -s oder -es.

# books — boys — boxes

Kannst du das -s am Ende dieser Wörter richtig aussprechen? In „books“ wird es stimmlos /s/ ausgesprochen, in „boys“ stimmhaft /z/ und in „boxes“ wie /iz/. Also Plättchen 1 auf Feld 1, Plättchen 2 auf Feld 10 und Plättchen 3 auf Feld 6 . Lies die anderen Wörter laut und lege die Plättchen dann auf das richtige Feld!

| | | /s/ | /z/ | /iz/ |
|---|---|---|---|---|
| 1 | books | 1 | 20 | 21 |
| 2 | boys | 20 | 10 | 22 |
| 3 | boxes | 21 | 22 | 6 |
| 4 | cats | 2 | 15 | 10 |
| 5 | lamps | 17 | 6 | 7 |
| 6 | noses | 2 | 3 | 9 |
| 7 | girls | 1 | 4 | 6 |
| 8 | dogs | 6 | 13 | 8 |
| 9 | buses | 3 | 6 | 5 |
| 10 | beds | 4 | 18 | 8 |
| 11 | elephants | 14 | 3 | 4 |
| 12 | tables | 4 | 3 | 5 |
| 13 | sentences | 10 | 11 | 7 |
| 14 | socks | 22 | 16 | 17 |
| 15 | apples | 16 | 11 | 18 |
| 16 | oranges | 1 | 7 | 8 |
| 17 | eyes | 7 | 16 | 8 |
| 18 | dresses | 2 | 9 | 12 |
| 19 | sandwiches | 1 | 5 | 15 |
| 20 | hats | 19 | 8 | 9 |
| 21 | caps | 23 | 12 | 13 |
| 22 | shoes | 15 | 21 | 17 |
| 23 | cakes | 20 | 9 | 7 |
| 24 | ices | 5 | 6 | 24 |

Schreibe die Zeichen /s/, /z/ und /iz/ in dein Heft und die richtigen Wörter in drei Spalten darunter! Wieviel sind es in jeder Spalte?

# a ball — an apple

Weißt du, wann im Englischen der unbestimmte Artikel „a“ oder „an“ heißt? Richtig, wenn das folgende Wort mit einem Vokal anfängt (z. B. /e/ oder /i/), steht „an“. Also heißt es „a ball“ (Plättchen 1 auf Feld 15), aber „an apple“ (Plättchen 2 auf Feld 13). Nun sprich die anderen Wörter und setze „a“ oder „an“ davor! Dann lege die Plättchen auf die richtigen Felder!

| | | a | an |
|---|---|---|---|
| 1 | ball | 15 | 16 |
| 2 | apple | 12 | 13 |
| 3 | orange | 5 | 6 |
| 4 | boy | 4 | 5 |
| 5 | bus | 11 | 13 |
| 6 | eye | 1 | 2 |
| 7 | ear | 6 | 7 |
| 8 | arm | 8 | 9 |
| 9 | dog | 17 | 7 |
| 10 | cat | 24 | 1 |
| 11 | elephant | 21 | 22 |
| 12 | pullover | 20 | 2 |
| 13 | umbrella | 2 | 3 |
| 14 | hat | 1 | 2 |
| 15 | afternoon | 4 | 5 |
| 16 | morning | 16 | 17 |
| 17 | evening | 9 | 19 |
| 18 | sentence | 18 | 8 |
| 19 | answer | 7 | 8 |
| 20 | question | 21 | 1 |
| 21 | tree | 23 | 3 |
| 22 | apple-tree | 4 | 14 |
| 23 | book | 10 | 1 |
| 24 | English book | 11 | 12 |

Nun schreibe „a“ und „an“ in dein Heft und setze die richtigen Wörter in zwei Spalten darunter!

# small — ball

Die Wörter „small“ und „ball“ werden am Schluß gleich ausgesprochen, sie reimen sich. Plättchen 1 (= „small“) kommt also auf Feld 23 (= „ball“). Kannst du auch die anderen Reimpaare finden? Es geht leichter, wenn du die Wörter laut sprichst. Manchmal werden nämlich gleichlautende Wörter ganz verschieden geschrieben!

| | | | Feld |
|---|---|---|---|
| 1 | small | are | 9 |
| 2 | eye | ball | 23 |
| 3 | van | blue | 6 |
| 4 | cat | box | 7 |
| 5 | mouse | can | 10 |
| 6 | book | ear | 12 |
| 7 | bus | these | 18 |
| 8 | bed | get | 1 |
| 9 | car | go | 16 |
| 10 | white | goes | 15 |
| 11 | please | green | 2 |
| 12 | grey | hat | 24 |
| 13 | chair | house | 3 |
| 14 | socks | look | 20 |
| 15 | hand | my | 19 |
| 16 | here | now | 5 |
| 17 | let | play | 14 |
| 18 | dress | red | 17 |
| 19 | clean | stand | 21 |
| 20 | how | tree | 8 |
| 21 | nose | us | 13 |
| 22 | see | where | 11 |
| 23 | shoe | write | 4 |
| 24 | show | yes | 22 |

Schreibe die sich reimenden Wörter nebeneinander in dein Heft!

# A is for arm

Welcher Anfangsbuchstabe paßt zu welchem Wortteil? Mit T fängt z. B. „these" an, also Plättchen 19 auf Feld 2. Wie heißen die anderen Wörter?

| | | | Feld |
|---|---|---|---|
| 1 | A is for | -adio | 1 |
| 2 | B is for | -hese | 2 |
| 3 | C is for | -nife | 3 |
| 4 | D is for | -ye | 4 |
| 5 | E is for | -nder | 5 |
| 6 | F is for | -es | 6 |
| 7 | G is for | -ld | 7 |
| 8 | H is for | -hite | 8 |
| 9 | I is for | -hair | 9 |
| 10 | K is for | -ce | 10 |
| 11 | L is for | -umber | 11 |
| 12 | M is for | -uestion | 12 |
| 13 | N is for | -uitar | 13 |
| 14 | O is for | -orning | 14 |
| 15 | P is for | -ebra | 15 |
| 16 | Q is for | -ery | 16 |
| 17 | R is for | -amster | 17 |
| 18 | S is for | -isten | 18 |
| 19 | T is for | -anana | 19 |
| 20 | U is for | -ootball | 20 |
| 21 | V is for | -entence | 21 |
| 22 | W is for | -icture | 22 |
| 23 | Y is for | -rm | 23 |
| 24 | Z is for | -ress | 24 |

1. Liegen alle Plättchen auf dem richtigen Feld? Dann schreibe die vollständigen Sätze in dein Heft!

2. Nun lies die Sätze noch einmal laut! Sprich dabei die Buchstaben englisch aus: /ei, bi:, si:/ usw.

# One, two, three

Jetzt wollen wir die englischen Zahlen üben. Nimm ein Plättchen und sage seine Zahl auf englisch, z. B. 1 = „one“. Dann suche „one“ in der folgenden Liste und lege das Plättchen auf das angegebene Feld (= 19)! Mach es mit den anderen Plättchen ebenso!

| | Feld |
|---|---|
| eight | 7 |
| eighteen | 16 |
| eleven | 20 |
| fifteen | 3 |
| five | 9 |
| four | 8 |
| fourteen | 5 |
| nine | 21 |
| nineteen | 6 |
| one | 19 |
| seven | 11 |
| seventeen | 17 |
| six | 12 |
| sixteen | 14 |
| ten | 22 |
| thirteen | 1 |
| three | 10 |
| twelve | 24 |
| twenty | 13 |
| twenty-one | 15 |
| twenty-two | 18 |
| twenty-three | 2 |
| twenty-four | 4 |
| two | 23 |

Schreibe die folgenden Zahlen richtig in dein Heft und unterstreiche den Buchstaben, der hier ausgelassen ist:
eigh-een, eig-t, s-x, fou-teen, -wo, thre-, nin-teen, eleve-

Welche Zahl kommt heraus, wenn du die unterstrichenen Buchstaben hintereinander liest?

# Who — where — what — how?

Kannst du in die folgenden Fragen das richtige Fragewort einsetzen? Die dritte Frage muß z. B. heißen „How are you?“, also Plättchen 3 auf Feld 7. Lies die anderen Fragen und Antworten laut und lege das Plättchen immer auf das beim richtigen Fragewort angegebene Feld!

1 (What 4, How 16) is your name? – Harry.
2 (Who 4, How 12) old are you? – I'm nine.
3 (What 1, How 7) are you? – I'm fine, thank you.
4 (What 3, Where 1) have you got in your hand? – An apple.
5 (Who 9, How 19) many pencils have you got? – Three.
6 (Who 4, Where 11) are the pencils? – They're on the table.
7 (Who 2, What 23) is this? – It's a book.
8 (Who 15, What 8) ist this? – It's Tom.
9 (How 2, What 8) is his name? – Tom.
10 (Who 2, Where 20) is Tom? – He's in the garden.
11 (How 7, What 16) is he doing? – He's playing football.
12 (How 24, What 4) many balls has he got? – Two.
13 (Where 9, Who 5) is the dog? – It's in the box.
14 (How 7, What 5) colour is it? – It's black.
15 (How 3, What 1) is Mary doing? – She's reading a book.
16 (Where 10, Who 5) is she sitting? – Under a tree.
17 (Who 1, How 18) many apples can you count? – Twenty.
18 (Who 4, What 2) colour are the apples? – They're red.
19 (What 2, How 17) many chairs can you see? – Three.
20 (Who 22, Where 20) is playing football? – Tom.
21 (Who 14, Where 8) wants ice? – Tom and Sarah.
22 (Where 6, Who 8) is the cat? – It's under the table.
23 (Where 2, Who 21) is sitting on the table? – Ted.
24 (How 7, What 13) time is it? – It's four o'clock.

Schreibe die vollständigen Fragen in dein Heft!

# Questions and answers

Die Fragen und Antworten auf dieser Seite sind durcheinandergeraten. Kannst du die zusammengehörenden finden? Zur ersten Frage „What's Ted doing?“ paßt nur „He's watching TV“, also Plättchen 1 auf Feld 9. Lies die Fragen und Antworten laut und lege die Plättchen auf die richtigen Felder!

| | | | Feld |
|---|---|---|---|
| 1 | What's Ted doing? | She's going into the garden. | 1 |
| 2 | What does he do every day? | I'm Fred. | 2 |
| 3 | Where's Tom? | I can see two dogs. | 3 |
| 4 | Who is Tom? | His name is Ted. | 4 |
| 5 | Where's Susan going? | It's five o'clock. | 5 |
| 6 | What are they doing? | She's five. | 6 |
| 7 | What's the time? | I can count three balls. | 7 |
| 8 | How many dogs can you see? | He's in the garden. | 8 |
| 9 | How many balls can you count? | He's watching TV. | 9 |
| 10 | What's your name? | He's Ted's friend. | 10 |
| 11 | What's his name? | He plays football every day. | 11 |
| 12 | How old is Susan? | They're playing football. | 12 |
| 13 | How old are you? | No, he isn't. | 13 |
| 14 | How are you? | No, she hasn't. | 14 |
| 15 | Where are you? | Yes, they are. | 15 |
| 16 | What colour are your eyes? | Yes, he has. | 16 |
| 17 | What colour is Ted's ball? | It's brown. | 17 |
| 18 | Who is this? | Yes, it is. | 18 |
| 19 | Is his pullover yellow? | I'm in the garden. | 19 |
| 20 | Are his jeans blue? | It's Peter. | 20 |
| 21 | Is the boy sitting on the table? | I'm nine. | 21 |
| 22 | Have you got a football? | They're blue. | 22 |
| 23 | Has your father got a car? | I'm fine, thank you. | 23 |
| 24 | Has your mother got a red dress? | Yes, I have. | 24 |

Nun schreibe die Fragen mit den richtigen Antworten in dein Heft!

# One, two, three, apple

In diesem Spiel geht es um Gruppen von Wörtern, die sinngemäß zusammengehören. Unter den vier Wörtern ist immer eins, das sinngemäß nicht in diese Gruppe gehört. Das sollst du herausfinden und das Plättchen auf das dahinter angegebene Feld legen. Im ersten Beispiel sind „one, two, three" Zahlwörter, „apple" ist kein Zahlwort, also Plättchen 1 auf Feld 1.

| | | | | |
|---|---|---|---|---|
| 1 | one 4 | two 5 | three 6 | apple 1 |
| 2 | cat 1 | dog 3 | mouse 6 | car 9 |
| 3 | green 6 | car 13 | van 14 | taxi 15 |
| 4 | black 7 | are 14 | white 9 | blue 10 |
| 5 | morning 3 | afternoon 4 | cake 23 | evening 6 |
| 6 | taxi 10 | sentence 9 | answer 8 | question 7 |
| 7 | I 13 | you 23 | he 2 | is 3 |
| 8 | chair 24 | cap 7 | sofa 2 | table 3 |
| 9 | my 8 | your 9 | his 10 | nose 17 |
| 10 | yellow 12 | speak 7 | say 8 | sing 9 |
| 11 | who 5 | where 4 | what 3 | van 20 |
| 12 | eye 3 | their 4 | ear 5 | mouth 6 |
| 13 | jeans 18 | tea 13 | pullover 20 | shoe 21 |
| 14 | my 21 | apple 22 | orange 23 | banana 24 |
| 15 | in 22 | on 21 | our 5 | under 24 |
| 16 | big 19 | shoe 2 | small 21 | old 22 |
| 17 | hamster 13 | elephant 14 | red 15 | zebra 16 |
| 18 | eye 18 | cake 23 | ice 22 | sandwich 21 |
| 19 | dress 13 | shorts 14 | socks 15 | you 16 |
| 20 | arm 11 | hand 12 | am 19 | finger 14 |
| 21 | they 11 | see 18 | watch 19 | look 20 |
| 22 | this 20 | that 21 | hat 22 | these 23 |
| 23 | ear 8 | who 15 | where 16 | how 17 |
| 24 | boy 15 | girl 16 | father 17 | we 24 |

Schreibe die Wörter, die nicht in die Gruppen passen, in dein Heft! Kannst du aus ihnen wieder acht Gruppen mit je drei zusammengehörenden Wörtern bilden?

# 24 riddles

Kannst du diese Rätsel lösen? Die Lösungswörter siehst du in der rechten Spalte. Zu Satz 4 „I write with my –" paßt z. B. „hand", also Plättchen 4 auf Feld 24. Lies die Sätze laut und lege das Plättchen auf das beim richtigen Wort angegebene Feld!

| | | |
|---|---|---|
| 1 | I speak with my –. | bed 4 |
| 2 | I see with my –. | book 16 |
| 3 | I hear with my –. | cake 12 |
| 4 | I write with my –. | cat 19 |
| 5 | What can you do with a pencil? | dog 18 |
| 6 | You cut with it. | dress 17 |
| 7 | Boys and girls wear them. | ears 20 |
| 8 | Only girls wear it. | eyes 9 |
| 9 | I like milk. | football 8 |
| 10 | You can see me at the zoo. | hand 24 |
| 11 | I can bark. | jeans 3 |
| 12 | You sleep in it. | knife 10 |
| 13 | A banana is –. | mouth 23 |
| 14 | Milk is –. | one 2 |
| 15 | Your mother makes it and you drink it. | picture 5 |
| 16 | Your mother makes it and you eat it. | question 1 |
| 17 | You can sing and listen to it. | song 15 |
| 18 | Boys often play it. | tea 7 |
| 19 | It's big or small and you can read it. | ten 22 |
| 20 | You can paint or colour it. | two 6 |
| 21 | You can ask and answer it. | white 21 |
| 22 | How many fingers have you got? | write 13 |
| 23 | How many arms have you got? | yellow 11 |
| 24 | How many noses have you got? | zebra 14 |

Liegt jedes Plättchen auf dem richtigen Feld? Dann schreibe die Rätsel mit den Lösungen in dein Heft! Laß sie von deinen Freunden raten!

# A test

Kannst du in die folgenden Sätze die sinngemäß richtigen Wörter einsetzen? Für jeden Buchstaben steht ein Punkt. Zum dritten Satz „A . . . . . has got four legs“ paßt z. B. nur „tiger“, also Plättchen 3 auf Feld 20. Ergänze jeden Satz mit dem richtigen Wort und lege das Plättchen auf das dahinter angegebene Feld!
Vergiß nicht, die Sätze laut zu lesen!

| | | |
|---|---|---|
| 1 | Let's do this . . . . ! | are 7 |
| 2 | The ball is . . . . . the table. | elephant 24 |
| 3 | A . . . . . has got four legs. | five 5 |
| 4 | Has an . . . . . . . . got four legs? | green 22 |
| 5 | The ball is . . . , not white. | he 17 |
| 6 | Is Susan's dress . . . . . ? | hear 3 |
| 7 | Is this a test? – . . . , it is. | helping 11 |
| 8 | Where's Ted? Is . . in the garden? | letter 1 |
| 9 | Where's Ann? Is . . . in the house? | listen 8 |
| 10 | . . . . . is the dog? | pencil 10 |
| 11 | . . . . are playing in the garden. | reading 2 |
| 12 | . . . . . are their balls. | red 13 |
| 13 | They are . . . . . . . their mother. | see 12 |
| 14 | . . . . . mother is washing up. | she 19 |
| 15 | They . . . drying up. | sleeping 6 |
| 16 | We . . . with our eyes. | test 23 |
| 17 | We . . . . with our ears. | their 9 |
| 18 | Let's . . . . . . to the radio. | these 16 |
| 19 | Let's . . . . . a letter. | they 18 |
| 20 | I can count . . . . balls. | tiger 20 |
| 21 | Susan is writing a . . . . . . to her friend. | under 21 |
| 22 | Is she writing with a . . . . . . ? | where 14 |
| 23 | Is the cat . . . . . . . .? | write 4 |
| 24 | Father is . . . . . . . a book. | yes 15 |

Liegen alle Plättchen auf dem richtigen Feld? Dann hast du diesen Test bestanden und bewiesen, daß du schon eine ganze Menge englischer Wörter und Sätze verstehen und sprechen, lesen und schreiben kannst!

# English words

cat, dog, elephant, hamster, mouse, tiger, zebra

bus, car, taxi, van

arm, ear, eye, finger, foot, hand, head, leg, mouth, nose

cap, dress, hat, jeans, pullover, shoe, shorts, socks, umbrella

apple, banana, cake, ice, milk, orange, sandwich, tea

boy, girl, father, friend, mother, queen, teacher

garden, house, school, tree, wall, zoo

bed, chair, lamp, picture, radio, sofa, table

ball, book, box, football, guitar, knife, letter, pencil, saxophone

afternoon, day, evening, morning, time

answer, question, riddle, sentence, song, test, word

colour, homework, name, number, tennis

big, small, English, fine, old

black, blue, brown, green, grey, red, white, yellow

am, are, is, isn't, do, does, have/has (got), hasn't, can, let's

look (at), see, watch (TV)